Paul von Leiselheim

Meine Erlebnisse mit Prinzessin Elke von Münchhausen

eine wahre Geschichte aus dem Leben
nicht immer lustig

Impressum

Bibliographische Impressum Information der Deutschen
Nationalbibliothek: Die Deutsche Nationalbibliothek verzeichnet
diese Publikation in der Deutschen Nationalbibliografie:
detaillierte bibliografische Daten sind im Internet über
http://dnb.dnb.de abrufbar.
Copyright 2022 Dr. Paul Bachmann

 Illustration siehe letzte Buchseite
 Herstellung und Verlag: BoD - Books on Demand, Norderstedt

ISBN: 9 783756 887699

Kurzfassung

Der Autor (Jahrgang 1945) lernt nach vielen Bemühungen eine 9 Jahre jüngere hübsche Witwe kennen, bei ihm Liebe auf den 1.Blick. Sie wird seine Traumfrau und Partnerin. Leider hat sie keine Arbeit mehr, daher lässt er sie nach Anfangsschwierigkeiten in der Beziehung in seiner Firma gegen guten Lohn mitarbeiten. Zunächst läuft alles optimal. Aber durch weitere Verarmung der Partnerin wird das Verhältnis belastet. Sie übernachtet oft bei ihm, jedoch lehnt sie eine gemeinsame Wohnung ab. Nun täuscht sie vor, schwanger von ihm zu sein, obwohl sie keine Gebärmutter mehr hat, was er durch Zufall viel später erfährt. In der Liebe zeigte sie sich als Vulkan. Den Namen hat sie von Vorgängern. Leider wird sie krank, kann nicht mehr arbeiten und verschuldet sich erneut. Er hält weiter zu ihr und tut alles aus wahrer Liebe. Dank seines guten Einkommens verbringen sie viele gemeinsame Urlaube. Nun verwickelt sie sich in neue Lügen. Betrügt sie ihn? Er kommt in Rente und stellt ihr sein neues schnelles Auto zur Verfügung, kann ihr aber weiter kein Geld mehr geben. Sie nimmt nun eine selbstständige Tätigkeit auf, die sie kurzfristig beendet wegen fehlender Einnahmen. Sie verschuldet sich weiter, nimmt notgedrungen eine Anstellung an, nimmt neue Darlehen auf. Dann erleidet sie einen Dienstunfall und glaubt dadurch in Frührente zu kommen oder ihren Partner zu heiraten. Ist dieser glücklich oder kommt ein Ende mit Schrecken für beide? Lesen sie diese spannende Geschichte weiter als Warnung für alle, die glauben, dass der Partner die Liebe wert ist. Schließlich rät ihm seine Traumfrau, er soll eine andere suchen. Wie wird er sich verhalten nach 7 gemeinsamen Jahren?

Meine Erlebnisse mit Pinzessin Elke von Münchhausen

Vorwort

Es gab einmal lustige Geschichten mit einem "Baron von Münchhausen". Der brachte durch seine Lügen und Streiche viele Menschen zum Lachen. Angeregt von diesem Lügenbaron gab ich meiner "verflossenen" Partnerin diesen Namen. Prinzessin wurde sie angeblich von einem Chefarzt und Professor bezeichnet, der sie behandelt hatte. Ein anderer Mediziner hat sie sogar Schätzchen genannt! Alles sicher auch Lüge? Ich war nicht dabei! Meine Geschichte entspricht der Wahrheit, die ich 7 Jahre erlebt habe.
Ihr Name wurde geändert. Sie hat den wahren Vornamen wie in der Bibel. Natürlich hatte sie diese Eigenschaft im Gegensatz zu mir! Wenn ich auf die 7 Jahre meiner Partnerschaft zurück blicke, muss ich leider nicht lachen. Immerhin habe ich wenigstens 30 000 €, viel Zeit, viel Hoffnung und Gefühle verschenkt an eine Liebe, die es in Wirklichkeit nicht gab, und an eine Person, die keineswegs

Zuwendung verdient hat. Vielleicht lachen aber die Leser über mich. So hat die Erfahrung dann doch etwas Gutes!

Hier muss ich den deutschen Dichter Thomas Mann erwähnen und eine seiner Geschichten mit dem Titel: "Gefallen"
Ein Freund von ihm, ein Doktor, erzählte nach einem Essen in einer Runde eine Liebes-Geschichte, die er selbst erlebt hat. Er studierte in England in einer Stadt P, wo er das Theater besuchte. Er war ein guter Kerl, anständig und auf Frauen wirkend, aber doch unverdorben. Er sehnte sich nach der wahren Liebe und war fremd und einsam in der Stadt. Am Goethe Theater spielte eine sehr junge, außerordentlich hübsche Frau mit Namen "Weltner" fast täglich ihre Rollen. Das Fräulein faszinierte ihn. Er gab sein ganzes Geld aus, nur um sie zu sehen in der Parkett-Reihe. Er verliebte sich in sie, und der gerade beginnende Frühling verstärkte seine Liebes-Sehnsucht umso stärker. Er träumte von ihr Tag und Nacht und war krank vor Liebe. Alles hätte er für sie gegeben. Dabei gab er sich fast auf, verweigerte Nahrung und wurde krank, ja sehr liebeskrank. Mittlerweile hatte er einen Freund, dem dies auffiel. Er fand nach langem Anlauf den Mut, mit diesem über seinen Zustand zu reden. Er schrieb dann auf dessen Rat einen Brief an die Angebetete, indem er sie über alles bewunderte. Aber keine

Antwort, die er sehnlichst erwartete, kam von dem Fräulein zurück. So wurde sein Zustand noch ernster. Der Freund riet ihm, das Mädchen zu besuchen und besorgte die Adresse. Er wehrte sich gegen diesen Vorschlag, aber sein "Ich" gewann irgendwie die Überhand. Klar und bestimmt ging er an einem schönen Tag zu ihr. Er fühlte sich stark. Sein Selbstbewusstsein steigerte sich noch mehr, als sie ihm sein Erscheinen verzieh und mit ihm lange plauderte. Von nun an kam er fast täglich zu der Dame seines Herzens. Sie genoss auch seine Anwesenheit, man kann sagen, eine zarte Liebe war bei beiden vorhanden, die sich noch steigerte. An einem Abend musste er sie aber vertrösten, denn es war ein Seminar oder Ähnliches angesagt. Es wurde aber kurzfristig abgesagt, und so entschied er sich, unvermutet für die Liebste, dort aufzutauchen. Er überrannte das Dienstmädchen, das ihn immer anmeldete und war so urplötzlich im Salon der Dame. Neben ihr saß ein alter Mann, nobel gekleidet. War es ein Verwandter? Das Erschrecken war groß unter den Beteiligten. Aber klar wurde es ihm, als der alte Mann sie "Mausi" nannte. Das Fräulein dagegen hielt sich bleich zurück, als die beiden Männer Rededuelle anfingen und sich beleidigten. Der junge Geliebte betonte seine Rechte an dem Fräulein und der Wohnung und vertrieb so den Alten, der murrend von dannen zog mit bösen Drohungen. Natürlich wollte der junge Mann nun Aufklärung von seinem "Irmachen", wie er sie nannte, erhalten. Diese aber schwieg. Die Tür zum Schlafzimmer war noch offen, er eilte hinein, da er am Kopfende etwas bemerkte: Einen Bündel Banknoten! Nun wollte er erst recht Aufklärung von seiner Geliebten. Er verzweifelte in Gestik und Worten, stieß seinen Kopf gegen die Wand. "Ich bin doch beim Theater.....das tun doch alle.....ich hab die Heilige satt.....es wussten doch alle.....", so beichtete sie ihm. Seine Liebe schlug nun in Hass um, er verließ seine Geliebte. Aus dem Lenz war nun ein Winter geworden. Seinen Freunden ging die Geschichte sehr zu Herzen, besonders da er zugab, der eigentliche Betroffene hier zu sein. Ein Kommentar seines Freundes, der schon immer die Frauen bemängelte und solo war: "Wenn eine Frau aus Liebe fällt, so fällt sie morgen um Geld". Vieles ist in der Geschichte ähnlich wie in meiner, die folgt. Hätte ich Thomas Mann vorher gelesen, wäre es mir aber ebenso passiert. Die Liebe ist halt eine Himmelsmacht!

Paul von Leiselheim November 2022

Während meiner beruflichen Tätigkeit im Großraum Stuttgart lernte ich 2006 diese einmalige Frau kennen. Ich verliebte mich sofort in sie. Es war Liebe auf den ersten Blick bei mir, sie dagegen ließ sich Zeit! Sie war einmalig in Vielem, wie ich in den sieben Jahren dann feststellen musste. Im Folgenden der Verlauf der sieben Jahre mit Elke. Die 7 ist ja eine „heilige" Zahl. Nach unserer Trennung 2014 habe ich nichts mehr von ihr gehört. In einer Kurzgeschichte von Thomas Mann findet man den Satz: "Wer am meisten liebt, ist der Unterlegene und muss leiden!"

Es ist ein kalter Novembertag 2022, der erste Schnee ist bereits gefallen. Ich sitze um 12 Uhr am Mittag im Zug des Bahnhofs in Bad Kissingen, Abfahrt in wenigen Minuten, mit dem Lied des französischen Interpreten Richard Anthony im Kopf: „Mais j´entands siffler le train….nous quittons sans un adieu…..je n´aurais pas eu le coeur de te revoir…." (übersetzt: ich höre den Zug pfeifen, wir gehen auseinander ohne Adieu, ich werde nicht das Herz haben, Dich wiederzusehen). Wohin fahre ich? Meine frühere Partnerin Elke ist verstorben. Benachrichtigt haben mich Bekannte, heute ist ihre Beisetzung auf dem Friedhof eines Ortes nahe Stuttgart. Ich muss umsteigen in einen Regionalzug bis in diese Stadt und ein Taxi zum Friedhof nehmen. Wir hatten ausgemacht, egal was mit uns einmal geschieht, der am längsten Lebende soll an der Beisetzung des früheren Partners teilnehmen und eine kurze Grabrede nach Möglichkeit halten. So stark war unsere Liebe gewesen. Ich bin jetzt 77 Jahre alt. Sie war 68 Jahre, als sie wegen der Nebenwirkungen der vielen Corona Spritzen starb. Wir hatten letztmalig telefonischen Kontakt vor 10 Jahren, danach solle ich in Zukunft nie mehr anrufen! Ich komme auf dem abgelegenen Friedhof der Stadt an. Man kennt mich (Sohn und Frau der Verstorbenen) und ist erstaunt über meine unaufgeforderte Teilnahme. Natürlich bin ich nicht gerne gesehen wegen des jähen Endes der Beziehung damals, was aber nicht meine Schuld war. Mir hat die Trennung sehr zugesetzt, wenn ich zurückdenke. Die Türkenfrau des Sohnes, gehüllt in ein Kleid ihrer Nation, ist keineswegs gerührt, wie bei solchen Anlässen üblich. Der Sohn der Hingeschiedenen hat Turnschuhe!! an und Jeans. Er schaut fast spöttisch zu mir. Die „Trauergemeinde" ist klein. Drei Kinder, eines an der Hand der der Türkin, eines bei einem größeren Mädchen. Ich schätze sie ein als das „Fleisch und Blut" der verstorbenen Oma. Vier weitere Personen, dem Anlass entsprechend schwarz gekleidet, gehen in Abstand hinter der Trauergemeinde. Ich schließe mich ihnen an, eine rote Rose in den Händen haltend. Warum eine rote Rose? Die Erklärung folgt in der späteren Geschichte. Die Gruppe folgt nun einem Friedhofswärter in Uniform, dahinter läuft ein Junge, wahrscheinlich der Enkel von Elke. Er ist ca.8 Jahre alt mit einer kleinen Urne, die er gerade noch tragen kann. Also hat man ihre Reste doch verbrannt und nicht „plastifiziert" (nach Dr.H..), was ihr einstiger Wunsch war. Wortlos kommen wir an ein Kolumbarium, (Stätte für Urnengräber) wo bereits ein Fach geöffnet ist. Darin steht eine Urne, fast verrottet, die ihres verstorbenen Mannes. Zu Lebzeiten von ihr war sie mit mir einmal dort. Der Junge gibt dem Friedhofswärter die getragene Urne, dieser hebt sie hinein zu dem anderen Gegenstück. Der Sohn weint nicht, die Frau grinst hämisch, besonders als sie mich mit feuchten Augen sieht. Bei den Kindern sind etwas Tränen in den Augen. Als ich an die Reihe komme als letzter der Trauernden, lege ich die rote Rose in das Kolumbarium und sage mit Tränen in den Augen laut, dass man es hören kann: „Liebe Elke, als wir uns vor 16 Jahren erstmals sahen, übergab ich Dir eine rote Rose. Jetzt stehe ich hier mit einer Ebensolchen. Wir hatten eine schöne Zeit die 7 Jahre, wie Du bei der Trennung damals sagtest. Es war aber nicht die Liebe, die uns verband, sondern der schnöde „Mammon", wie ich zu spät begriff. Dennoch mache ich mein Versprechen von damals wahr, Dich auf dem letzten Weg zu begleiten, lebe Wohl. Du hättest es besser haben können!" Die kleine Trauergemeinde zuckt zusammen und ist verstört über meine Worte. Man wagt es aber nicht, mich vom Platz zu weisen. Inzwischen kommt ein weiterer Friedhofwärter mit einem Eimer in der Hand und einer Kelle, mit der er das Kolumbarium verschließt. Nun liegt sie gemeinsam mit ihrem Mann darin, es war damals nicht ihr letzter Wille! Ich wende mich ab und gehe zum Friedhofeingang, steige in ein Taxi, das mich zum Bahnhof bringt. Ich fahre wieder mit dem Zug nach Bad Kissingen zurück. Es ist dunkel geworden. Ich habe die deutsche Melodie vom Interpreten Peter Beil im Kopf: „Es war besser, fort zu gehen, ohne Abschied fort zu gehen, jedes Wort ist doch so leer und ohne Sinn, und ein Zug fährt durch die Nacht……meine Liebe war so groß, niemals komm ich von Dir los….“ Ich denke nun, ich bin losgekommen davon, denn es gibt keine unendliche Liebe, so meine Erfahrung. Der Tod beendet alles.

Dabei wird mir die Episode der Liebe zu Elke wieder gegenwärtig, die ich jetzt in der folgenden Geschichte erzähle, die auf Wahrheit beruht:

2006
Kontaktaufnahmen:

Es war im Sommer 2006. Meine letzte Partnerin H. hatte ich wieder einmal und diesmal endgültig nach 7 Jahren rausgeschmissen wegen ihrer immer krankhaften Eifersucht. Es war leider das sogenannte verflixte 7. Jahr! Verlorene Jahre, wie sie selbst mir schrieb! Sie wollte auch nicht mehr, was ich verstand. Ich wohnte in einer Kleinstadt am Albaufstieg.
So war ich auf der Suche, diesmal bei einer Agentur im Internet. Sie schien seriös, der Euro Beitrag mäßig. Vorher musste man sehr viele Fragen beantworten für ein eigenes Profil. Danach bekam man Partnerinnen ausgewählt per PC Analyse. Mein Slogan war: „Love is a many spendored Thing", nach einem lyrischen bekannten amerikanischen Lied.
Die Beschreibung mit meinem Alter, die gefordert wurde, war wahrheitsgemäß, mein Bild nur 1 Jahr alt. Ich wurde innerhalb von 2 Wochen im Großraum Stuttgart 470 mal angeklickt, ungefähr 120 Damen wünschten persönlichen Kontakt. 120 Kontakte würde ich nie persönlich schaffen. Nach dem PC des Instituts war die Auswahl getroffen nach der Übereinstimmung der Fragen, die ich

wahrheitsgemäß beantwortet hatte. Ich sortierte zunächst, es kamen aber immer neue hinzu die nächsten Wochen. Ich traf mich dann mit einem Teil der Auserwählten, es waren derer nicht so viele aus Zeitmangel von mir. Aber der Drang nach einer echten Partnerschaft steigerte sich riesig. Ich war damals schon ein „Bachelor wie bei RTL", aber mit einem Unterschied: Ich brachte zum ersten Kontakt die rote Rose mit und eine kleine Flasche Spätlese Wein. Den hatte ich leider vorher nicht versucht, denn eine der Damen sagte mir im Nachhinein, er wäre bereits hinüber. Vielleicht war es ja auch eine Ausnahme. Eine Frau in Balingen war recht lustig, sie war gerade geschieden und wollte sich nun nicht unbedingt sofort wieder eine feste Beziehung zulegen. Sie lag dann lieber am Strand in Barcelona und holte sich von der Sonne Hautkrebs. Ich könne ja mitkommen! Diese Dame, zwar lustig, kam nicht in Frage für mich, denn ich wollte ja was Ernstes und keinen Hautkrebs. Eine Frau in Leonberg war mein Typ, aber ich nicht der Ihrige. Dennoch gingen wir in der Dämmerung spazieren, einsame Wege. Sie hatte keine Angst vor mir, wie sie sagte, sie fühlte das. Dabei erzählte sie mir von einer Freundin, die nach 80 Kontakten erst einen Partner gefunden hatte. Ich dachte, das kann ja heiter werden! So hatte ich ungefähr 10 Dates, mein Wein war bis auf eine Flasche ausgegangen. Es meldete sich nun eine Elke, eine interessante

Frau, Witwe, blond, angeblich zierlich und auf Suche nach einem ernsthaften Partner. Na ja, auf die Beschreibungen kann man sich nicht so verlassen, war meine Erfahrung. Ich hatte mich schon einmal mit einer angeblich schlanken Frau getroffen, es war dann eine „Tonne", verzeihen Sie mir den Ausdruck. Manche Frauen versenden nur Gesichtsfotos, andere gar keine. Nun war diese Elke Anfang August ein weiterer Kontakt. Ihre emails waren immer sehr kurz, ihr Slogan war „Abstand und Nähe in der Partnerschaft". Ich konnte von diesem Spruch und von ihren kurzen emails kaum etwas über sie erfahren, also schrieb ich auch nur kurz zurück. Dann wie ein Wunder gab sie ihre Telefonnummer preis mit der Stadt, ungefähr 100 km von mir weg. Bald schrieb sie mir zurück als ich sagte, ich fahre für 2 Wochen weg. Ich solle an meine PKW Batterie denken. Wegen diesem Blödsinn kam sie dann auf Platz 10 der Kontakt-Liste. Mir schrieb dann noch eine Marathon Läuferin, ich wäre interessant, wir könnten uns erst im September treffen, da sie auf Turnieren sei. So sportlich wie sie bräuchte ich aber keineswegs zu sein. Nun gut, ich rief Elke. an. Wir sprachen dann sehr lange. Ihre Stimme hatte einen bestimmten gewissen Reiz für mich. Da funkte es bereits, besonders bei ihrem naiven Lachen. Das konnte aber angelernte „Masche" sein. Dann war ich 2 Wochen auf Tagungen in Würzburg, dann 2 Wochen im Bregenzer Wald mit meinem jüngsten Sohn. Hier hatte ich bereits ein Jahr vorher mit der damaligen Partnerin eine große Ferienwohnung gebucht und musste nun hin, alleine oder mit Sohn! Ich fragte vorher Elke beiläufig, da kannst du mitkommen, hast ein eigenes Zimmer, und wir können uns kennenlernen. Sie sagte aber, wie vermutet, nein. Sie bezeichnete sich als „anständige" Witwe oder gab es vor. Nur wollte sie mir kein Bild senden. Sie hatte angeblich erst eines in ihrer Anzeige, hatte es aber entfernt, da zu viele sie daraufhin kennenlernen wollten. War sie so eine tolle Frau? Sie gab mir aber ihre frühere Firma an, da wäre ein Video, sie wäre hier zu sehen. Ich schaute sofort aus Neugier nach, es waren 2 Frauen zu sehen, eine jüngere und eine ältere, beide gut aussehend, wie das auf den Kongressvideos üblich ist. Heute mit Abstand gesehen, so hübsch waren beide nicht. Aber nach meinen vielen erfolglosen Treffen in der Vergangenheit waren sie passabel, wie man sagt. Ich betete insgeheim, lass es die Jüngere sein. Sie sah zurückhaltend aus und nicht so aufgedonnert und gestylt wie die andere. Ich rief sie dann am nächsten Tag an, wir sprachen wieder, sie lachte und sagte, natürlich die Jüngere. So war ich beruhigt und musste aber andauernd schon an sie denken, jede freie Minute auch während der langweiligen Seminare und Schulungen. Im Urlaub mit meinem Sohn lernte ich dann noch eine weitere Frau aus der Anzeige kennen,

die mich auch besuchte und mehrmals Wanderungen per Rad, Bootsfahrten auf dem Bodensee, Spaziergänge auf der Mainau und in Konstanz Besichtigungen mit mir machte.
Dann lernte ich noch eine Dame aus Köln bei einer Weinprobe dort kennen, aber ich dachte nur an Elke. Mich hatte es erwischt. Zurück gekommen, telefonierten wir miteinander für das erste Treffen.

Erstes Treffen mit der Traumfrau Elke:

Es war der 21. September 2006, ein schöner warmer Tag im Herbst. Wir verabredeten den Termin und wollten uns nachmittags bei ihr treffen. So fuhr ich hin, bewaffnet mit der letzten eingepackten Flasche Wein und einer roten Rose und klingelte an einer Miets-kaserne. Ich war verwundert, fast nur auslän-dische türkische Namen an den Klingeln zu finden. War sie Türkin? Es war der Haupt-eingang zum Haus, es gab aber noch einen Hintereingang wie ich später erfuhr. Vom Parkplatz gegenüber konnte sie mich gut beobachten von einem Zimmer, wie sich auch später herausstellte. Es begrüßte mich unten am Eingang eine zierliche schlanke Frau, blond, sehr freundlich. Sie sah normal aus, nicht aufgedonnert und gestylt, trug Schlag-hosen, damals nicht mehr aktuelle Mode und einen Loch-Pulli, flache Schuhe. Nun gut, ich war auch nicht gerade modern angezogen, Sandalen, orange Socken. Ich hatte schon oft gehört, dass die ersten Sekunden in solchen Fällen ausschlaggebend sind für das Weitere. Teilweise hatte ich es bei anderen Treffen vorher ja schon erfahren. Sie nahm dankend die Rose und den Wein, verschwand und sagte, ich komme gleich wieder. Während der 5 Minuten Wartezeit dachte ich, hoffentlich kommt sie wieder! Sie kam, wir stiegen in mein Auto und fuhren zu einem Kurort in der Nähe. Da schönes Wetter war, liefen wir gut eine Stunde dort auf einem Weg und unterhielten uns in angenehmer Weise. Seit 7 Jahren Witwe, 53 Jahre alt, ein Sohn mit 20 lebte bei ihr. Ich war damals gerade 62 Jahre alt. Derzeit war sie arbeitslos und auf Suche nach einem neuen Job. Tätigkeit war in der Medizinbranche nach ihrer Heirat und Besuch von Ärzten. Sie nannte sich "Vertrieblerin", eine mir unbekannte Berufsbezeichnung. Ich erzählte ausführlich von dem medizinischen Beratungsbüro mit meinem Sohn zusammen. Dann kehrten wir ins Cafe ein, sie bestellte nur Wasser, wobei ich dachte, sehr positiv das Verhalten. Andere Damen-Treffen waren teurer mit Getränken. Nach einer weiteren Stunde gab sie vor, noch einen Termin zu haben mit einer Freundin. Ich glaubte es auch. Auch positiv war die kurze Zeit des 1. Treffens, bei anderen Frauen ging es manchmal über Stunden, und heraus kam doch nichts. Dann der herzliche Abschied, "Sehen wir uns wieder?" meine Frage. "Mal schauen", ihre Antwort. Ich sendete am Abend ihr ein mail mit dem positiven Ausgang meinerseits vom Treffen.

Honey Moon 2006 Wie ging es weiter?

Nach 2 Tagen rief ich sie an, und wir trafen uns dann in Bad Boll im Kurpark am Wochenende. Wir erfuhren nun etwas mehr von einander. Dabei erzähle sie, die Arbeitslosigkeit und Stellensuche zermürben sie, Angebote hatte sie als Zigaretten Auffüllerin an Automaten oder als Hilfe in einem Erotik Shop. Ich wusste selbst auch aus Erfahrung, es ist schwierig ab 50 einen neuen Job als Angestellter zu finden. Auch der PKW fehlte ihr, er wurde von der letzten Firma nach Beendigung ihres Wirkens dort geholt. Wir trennten uns herzlich am PKW ihres Sohnes, den sie benutzte und umarmten uns dabei. Auf der Heimfahrt dachte ich, dies ist die Frau, die ich suchte! Sie war in meiner Liste nun von dem ursprünglich Platz 10 jetzt zum Platz 1 aufgerückt. Jetzt musste ich mich eine Woche massiv mit eigener Arbeit beschäftigen, dachte aber immer öfters an sie. Aber in mir war doch eine gewisse Unruhe. Ich traf mich dann in Frankreich mit einer geschiedenen Arztfrau, wo ich beruflich zu tun hatte. Der

Termin war schon länger vereinbart genau wie in Tübingen mit einer Asiatin, einer Witwe mit Eigentumswohnung. Diese lud mich auch ein zu kochen. Beide Damen angeblich sehr reich! Dann in der Nähe von HD mit einer Witwe, wo ich direkt zu ihr in die Wohnung kommen durfte. Natürlich war dies leichtsinnig von ihr. Petra, eine Bekannte, hatte mir geraten, mich auf Witwen zu konzentrieren, die wären ehrlicher! Alle Treffen waren unbefriedigend. Die Frauen waren zwar nett und sehr bindungswillig, aber es fehlte irgend etwas.

So nahm ich nach meiner Rückkehr mit Elke, jetzt Nr. 1 meiner Angebote, wieder Kontakt auf. Jedoch plötzlich ein anderer Ton. „Ich habe es mir überlegt, ich muss erst wieder eine Stelle finden, das ist vorrangig. Dann ist es schöner, wenn man jemanden spontan kennenlernt, nicht durch das Internet, sondern z.B. in einer Kneipe". Ich war geschockt und sehr traurig. Im Nachhinein denke ich, von ihr war es Kalkül! Ich ging nun auf einen Wallfahrtsberg in der Nähe von Salmedingen, ein schwerer Aufstieg. Dort war ich schon mehrmals in meiner Einsamkeit oder bei Trennungsschmerz. Eine Kerze wurde angezündet, etwas Geld eingeworfen und gebetet. Ich wollte auf jeden Fall diese Elke als Partnerin, ganz gleich was passiert und wie schwer der Weg mit ihr wird! Der wurde sehr schwer, wie ich später erfuhr. Dieser Berg, früher Vulkan, soll angeblich mystische Kräfte haben seit der Urzeit und wurde

Wallfahrtsstätte. Mein inniges Beten wurde wahrscheinlich sofort erhört. Ich bildete mir das wenigstens ein. Ich rief von oben aus Elke an mit einem Vorschlag: Ich kenne in Berlin einen Geschäftspartner, der sucht weitere Mitarbeiter für den Vertrieb. Sie nannte sich doch "Vertrieblerin !!!". Vielleicht klappt es. Sie sprang nicht sofort darauf an, wollte sich alles überlegen. Dann kam nach einer Woche der Anruf, sie würde mein Angebot annehmen, wir fahren nach Berlin. War da etwas passiert, oder war mein Wunder nun geschehen? Oder wollte sie nur eine Stelle? Ich machte den Termin mit dem Geschäftspartner fest und telefonierte nun öfters mit ihr. Wir mussten dort übernachten, ich lud sie ein, da ihr das Geld fehlte, natürlich 2 Einzelzimmer. Am Tag der Abreise sollte ich bei ihr vorbeikommen zum Abholen mit meinem neuen gekauften Geschäftswagen. Wir frühstückten bei ihr zusammen. Natürlich war ich glücklich. Hatte ich sie gewonnen?

In Berlin besuchten wir mittags das Schloss Sanssouci, die Gärten usw. Dabei ließ sie sich auch erstmals küssen und an der Hand führen. Abends waren wir dann noch in Potsdam im Holländer Viertel und gegen 22 Uhr im Hotel. Ich lud sie in mein Zimmer ein, hier tranken wir etwas Sekt, den ich vorsorglich mit-gebracht hatte. Außer etwas Küssen, bei ihr nur zögerlich, sonst passierte aber nichts. Jeder übernachtete im Einzelzimmer. Am nächsten Tag bekamen wir medizinische Geräte gezeigt im Büro des Geschäftsfreundes und in Praxen von Ärzten. Abends lud er uns ein zum Essen. Natürlich hatte er Interesse, dass sie für ihn freiberuflich arbeitete. Sie solle aber dazu ein teures Gerät kaufen für 12 000 €. Das hatte sie natürlich nicht. Dann wollte er uns beiden das Gerät für 6000 € geben. Ich hatte das gleiche Produkt bereits von der Uni Bologna in Italien (neuentwickeltes Magnetfeldgerät) mit sehr guten Ergebnissen bei Patientenbehandlungen eingesetzt. Natürlich kam ein zweites bei uns nicht zum Kauf in Frage.

So endete der 2. Tag im Hotel bei dem Rest Sekt in Einzelzimmern. Dann wollte Elke sehr schnell heimgefahren werden am nächsten Tag, angeblich wegen ihrem Sohn, der in der Abwesenheit immer etwas anstellt. Sie zeigte mir dann sein Zimmer. Es stank gewaltig, er hielt eine Schlange, die jeden Tag eine Maus fraß. Diese wurde lebend in einem Behältnis gehalten. So fuhr ich zu mir nach Hause aber mit teils zweifelnden Gedanken über die Zukunft.

Die Mitarbeit mit Berlin kam nicht für sie in Frage, so ihr Argument. Sie würde sich halt weiter um eine Stelle bemühen. Ich merkte bei ihr schon wieder einen Abschied und hatte bei den folgenden Telefonaten die Idee, sie in meiner Firma mitarbeiten zu lassen gegen Bezahlung. Sie willigte sofort ein, wollte mich dann sonntags besuchen bei mir zu Hause

und das besprechen. Vorher hatte ich bereits eine Liege und neue Matratze besorgt, denn nach Möglichkeit konnte sie bei mir im Gästezimmer übernachten, wenn sie es wollte. Sie kam nun schon samstags mit dem BMW ihrer reichen Freundin. Ich kochte für uns, und wir besprachen die Sache: Sie sollte neu mit Arbeitsvertrag bei meiner Firma einsteigen, wobei sie offiziell den Betrag bekam, der beim Arbeitsamt gestattet war als Nebenverdienst.
Mein Steuerberater leitete alles später in die Wege. So bekam sie von meiner Firma, Lohn, Spesen, einen Firmen-PKW. Alles Offizielle wurde vertraglich geregelt. Wir wollten uns keinesfalls beim Arbeitsamt oder Finanzamt in Nesseln setzen. So wurde es für uns ein „Bratkartoffel-Verhältnis"! Dem älteren Leser ist dieser Begriff nach dem 2. Weltkrieg bekannt.
Nun mit dem Schafen in meiner Wohnung? Sie schlief auf der neuen Liege im Gästezimmer. Ich machte ihr klar, wenn sie einmal in meinem Schlafzimmer übernachtet, bleibt es für immer dabei. Das verstand sie mit Wohlwollen. Nun holte ich den DB PKW die nächsten Tage in meiner Firmenzentrale ab und gab meinen neuen, erst wenige Monate alt, ins Hauptgeschäft. Ich klärte beim Steuerberater die Dinge. Sie hatte vorher Automatik und ich hatte einen DB mit Automatik dort. Mein Steuerberater hatte ein Zweig-Büro zusätzlich an meinem Wohnort errichtet. Er sagte, wegen der guten Einnahmen im letzten

Jahr muss ich 25 000 € Einkommensteuer zahlen. Ich kaufte kurzentschlossen für mich selbst noch einen Neuwagen mit Automatik als Geschäftswagen für 35 000 €.
Mit dem holte ich Elke zu Hause ab, ein Fehler. Natürlich war sie erstaunt. Dabei lernte ich ihren „Sohnemann" kennen. Bei mir übergab ich ihr den DB mit Automatik, da sie ja den anderen Geschäftswagen angeblich nicht fahren konnte oder wollte mit Schaltung. Sie fuhr immer Geschäftswagen mit Automatik, denn sie hatte im Handgelenk Rheuma und in den Beinen, und sie schluckte Unmengen Ibuprofen.

Sie blieb dann bei mir 2 Nächte, man staune, in meinem Schlafzimmer, bügelte mir meine Hemden am nächsten Tag. Es lief aber nichts im Bett! Dann fuhr sie weg mit mir. Sie sollte Ärzte besuchen und beraten. Das übte ich fleißig mit ihr bei den folgenden Besuchen und es fiel ihr nicht schwer, da sie eine schnelle Auffassungsgabe hatte und die „Medizinarbeit" ihr nicht unbekannt war. Sie ging die Sache fast zu gut an. Zu gut, denn ich musste nun öfters zu Hause bleiben und die Vorbereitungen für ihre Besuche machen.
So kam sie meist ab Freitagmittag, Sa, So blieb sie, fuhr Mo mit neuer Arbeit weg, übernachtete dann wieder 2 Tage bei sich zu Hause. Mi wieder bei mir, holte für Do, Fr neue Arbeit, kam dann am Freitag, für das Wochenende zu mir. Natürlich wurde sie

immer wieder sofort ausgezahlt, da sie ja ständig in Geldnot war. Benzingeld erhielt sie auch von mir, verzichtete aber dann darauf, da sie Einnahmen hatte. Einen laufenden Spesenvorschuss von 1000 € hatte sie bereits. Etwas mehr erfuhr ich durch unsere gemeinsamen Tage über Elke, es war mir aber alles Negative "schnurz" egal:

Sie war mit 17 verlobt und die Familie wollte die Heirat. Sie sagte aber angeblich auf dem Standesamt nein (da gab es auch einen Film, die Braut sagt nein). Das war bereits eine große Lüge zu Beginn unserer Beziehung, wie sich später herausstellte. Angeblich hat sie dieses Märchen aufgebracht, um potentielle Heiratswillige, von denen sie angeblich viele hatte, abzuschrecken. Die Schwester konnte es nicht bestätigen und nach langem hin und her gab Elke diese Lüge später zu. Eine weitere Lüge davor erfuhr ich später. Sie war mit 14 Jahren angeblich schwanger vom Verlobten. Obwohl von ihren Eltern ein-gesperrt, reiste sie mit dem Verlobten und ihrer Schwester nach London. Vorher hatte sie sich einem katholischen Pfarrer anvertraut, der ihr das Geld für Reise und Schwanger-schaftsabbruch gab. Sie musste sich für die Reise aus dem Fenster im 1. Stock abseilen. Als ich später nach der Trennung die Schwester fragte, nannte diese das alles Märchen. Die Verlobung ging nun entzwei, der Verlobte heiratete wieder, seine Frau bekam ein Kind. Leider verübte diese Suizid in einem

Weinberg, sie steckte sich in Brand. Später, welche Ironie des Schicksals, lernte sie deren Tochter im Schwimmbad kennen. Wahrscheinlich war die Geschichte gelogen, Nachforschungen habe ich gar nicht angestellt!
Ich überprüfte auch nicht das Folgende! Elke flüchtete mit 20 Jahren nach München, wo sie als „Tippse" bei einem großen Unternehmen unterkam. Sie war angeblich so gut im Schreiben wegen ihrer Fingerfertigkeit, dass sie es sich leisten konnte lange Pausen zu machen, später zu kommen und früher zu gehen, sehr zum Leidwesen ihrer Kolleginnen und einer älteren Büroleiterin. Wo aber wohnen in München? Flugs gründete sie dort mit 2 männlichen Studenten eine WG und wurde wieder schwanger. Einer, ein Apothekersohn, hatte ihre Anti-Baby Pillen ausgetauscht. Er wollte die Frau unbedingt heiraten. Nach einer Fehlgeburt hatte sie nun genug von Studenten. Wieder ein schönes Märchen bis dahin, war später mein Gedanke.

Nun kam aber etwas Wahres: Beim Besuch eines abends einer Kneipe, da stand mit einem Mal ein Koloss in der Tür. Nein, nicht der Koloss von Rhodos, sondern ein farbiger Amerikaner, 20 Jahre älter als sie. Von dem war sie hingerissen und lebte dann mit ihm zusammen, er war als Hubschrauberpilot in Vietnam und besessen von ihr. Ich dachte bei der Erzählung an King-Kong und die weiße Frau. Aber Kinder wollte sie keine, sie wollte keine Rassenschande! Diese Erzählung stimmte zum großen Teil. Der Besagte rief auch später noch bisweilen an in meiner Gegenwart. Sie wimmelte ihn dann am Telefon ab. Wir waren oft in München, und sie wollte nicht, dass wir ihn besuchen. Er war alt und dick geworden und wahrscheinlich auch senil. Mit ihm war sie auch nochmals nach dem Tod ihres Mannes zusammen. Ihr Sohn konnte ihn aber nicht leiden. Ihren Mann hatte sie kennengelernt irgendwo in einer Kneipe, ebenfalls starker Raucher wie sie. Nach 4 Wochen hatte er sie auf Knien gebeten, seine Frau zu werden. Sie war die Nr. 3. In seinem Leben. Er war 2 mal geschieden, hatte Kinder, musste Unterhalt zahlen. So arbeitete sie als Selbstständige. Auch dieses stimmte, denn sie hatte mir zu Beginn ihrer Beschäftigung bei meinem Unternehmen Zeugnisse von vielen Arbeitgebern gegeben. Nach der Heirat, wenig später, war sie schwanger, wusste angeblich nichts von des Mannes Kindern und dem Unterhalt. Er hatte das „Kinder Wunsch Gen" sicher in sich. So lebte sie fast 7 Jahre mit ihm zusammen. Den Sohn nahm sie immer mit zur Arbeit. Der ist heute auch „Vertriebler", ein seltsames Wort für Außen-dienstler! Dann starb der Mann elend und qualvoll an seiner Lungen Krankheit, er rauchte fast bis zum Tod. Elke gab das Rauchen aber nicht auf. Sie ging mit ihrer Freundin, ebenfalls starke Raucherin, in einen psychologischen Entzug stundenweise.

Gefragt vom Seminarleiter, wer der beste Freund im Leben ist, antworteten beide, die Zigarette! So blieben sie beide Raucherinnen! King-Kong, der dunkle Koloss war nun wieder an ihrer Seite. Hatte er auf den Tod des Mannes gewartet? Da er reich war, ging es ihr und dem Sohn auch gut. Angeblich wollte er ihn adoptieren. Dieser Farbige hatte auch eine Mischlings Tochter. Da kamen schon bei mir später gewisse Gedanken auf bezüglich der von ihr einst genannten Rassenschande. Ihr verstorbener Mann war 15 Jahre älter als sie. Sie nannten sich beide mit dem Wort „Vertriebler", wie bereits angeführt. Lügen beherrschten immer wieder unsere weitere Beziehung. Nachdem wir gut 2 Jahre zusammen waren, äußerte sie den Wunsch, sich mit mir zu verloben, mit Ringen, Feier usw. Auch meine Ex-Familie sollte eingeladen werden. Wir machten aus, an meinem oder ihrem Geburtstag. Ich wollte sie auch nicht drängeln, war ich doch hoch erfreut, denn ich wollte es auch, ich liebte sie ja. An meinem Geburtstag keine Reaktion von ihr, an ihrem auch keine. Daher fragte ich dann nach. Oh, das ist ja heute unüblich in unserm Alter, wir sind doch so gut wie verheiratet.

Zu Beginn unserer 7 jährigen Beziehung fuhren wir an den Wochenenden Rad, wanderten und unternahmen Besuche von Konzerten usw. Aber das Geld reichte ihr nie, da der Sohn ja arbeitslos wurde. Sie musste auch öfters nach Hause, damit er keine

Dummheiten machte. Vor Weihnachten 2006, wir kannten uns gerade 3 Monate, dann die Bitte an mich, ihr 3000 € zu leihen, sie würde es mit 100 € monatlich zurückzahlen. Sie wusste genau Bescheid über meine Einnahmen. Auch sollte ich monatlich den Empfang quittieren. Das ging 3 Raten gut, dann folgte nichts mehr. Das Geld benutze sie, wie ich später erfuhr, zur Rückzahlung eines Darlehens bei Freunden, um gut dazustehen oder diese hatten es zurück verlangt. Das 1. Weihnachtsfest fand bei ihr statt mit Familie und Schwester, die Jahreswende bei mir in der Kleinstadt am Albaufstieg.

2007 Große Liebe in Paris

Der Sohn zog 2007 aus ihrer Wohnung, und sie war knapp bei Kasse bis er eine neue Stelle fand. Wir verbrachten oft bei ihr die Wochenenden und erkundeten die Gegend. Ich verdiente zu dieser Zeit 5000-10000 € monatlich je nach Geschäftslage. So fuhren wir im Juli auch zusammen nach Paris mit dem TGW Zug für einige Tage. Leider brauchte dieser wegen Pannen mehr als die doppelte Zeit. Mit dem PKW wäre es schneller gewesen. Wir hatten nun Zeit für uns in der Stadt der Liebe. Im Hotelzimmer stellten wir die beiden Betten zusammen. Dort war sie ein Vulkan, wie sie sich selbst nannte. Die Stadt hatte sie verzaubert. Freunde vorher gaben ihr angeblich diese Bezeichnung. Auch besichtigten wir mit der Metro fast alle Sehenswürdigkeiten. Leider wollte sie in Stuttgart nach der Heimfahrt schnell nach Hause solo. War da etwas, holte sie jemand ab?

2007 war ich nun mehr bei ihr an Wochenenden, wir unternahmen sehr viel zusammen, im Wald und auf der Heide. Der Sohn war selten zu Hause, also sturmfreie Bude. Wir gingen auch oft in die Thermen in ihrer Gegend. Dabei hatten wir eine Episode im einsamen Kurpark (Freiluft Nummer!). Ich hätte mir fast einen Hundebiss eingefangen oder eine Anzeige wegen Sex in der Öffentlichkeit. Nach einigen Tagen überraschte Sie mich, ihre Periode wäre nach 7 Jahren nochmals gekommen, sie sei nun wieder eine echte Frau! Das verdanke sie der Liebe zu mir! Sie besorgte sich Einlagen bei der Frau im Haus bei mir, die es wahrscheinlich im ganzen Ort kundtat. Ansonsten hatte ich ein gutes Verhältnis mit den Hausbewohnern, ich wohnte bereits lange in einem Vorort der schwäbischen Kleinstadt. Dann etwas später, war sie nun schwanger von mir. Schwanger zu werden war ihre große Leidenschaft schon immer! Was sagt sie nun ihrem Sohn und ihrer Freundin? Ich berichtete es meiner früheren

Familie und erntete nur Hohn. Selbst war ich aber glücklich. Sie wollte nur ein gesundes Kind zur Welt bringen. Mit 55 Jahren war das schon ein Risiko. Ich erkundigte mich bei einem Gynäkologen in Ulm, den ich schon von früher beruflich kannte. Der war bereit, sie zu untersuchen und u.U. auch die Schwangerschaft abzubrechen. Soweit kam es nun doch nicht, und meine Freude als alter, werdender Vater wurde getrübt. Als ich den Termin mit dem Professor ausgemacht hatte, war sie nicht mehr in diesen Umständen. Jedoch war die Schwangerschaft eine neue Lüge. Jahre später, kurz vor unserer Trennung, war sie dann im Krankenhaus und bekam eine neue Hüfte. Sie gab mir nichts ahnend den OP Bericht, da stand nun eindeutig drin, Elke hatte gar keine Gebärmutter mehr, diese war bereits vor der Zeit, als wir uns kennen lernten, entfernt worden! Ein Irrtum des Chefarztes und falsche Dokumentation in den Unterlagen, so ihre Reaktion. Aber angehen wollte sie die Sache nicht und mir war es egal. Doch weiter mit der Beziehung. So verging das Jahr 2007 und wir feierten Weihnachten und Silvester bei ihr.

Die kranke Prinzessin 2008

2008 verlief dann alles vorerst in normalen Bahnen. Sie arbeitete mit in meinem Unternehmen. Aber im Herbst 2008 stellte sich bei ihr nun eine ernsthafte Immunerkrankung ein. Sie konnte, nur so gut es ging, mir im Geschäft helfen. Dank meines Hinweises erkannte ihr Hausarzt die Erkrankung, dann folgten 4 Wochen Klinik und 6 Monate Therapie. Sie war nun weg vom Arbeitsamt und der Arbeit, denn die Kasse zahlte Krankengeld.
Einige Tage nach ihrer Entlassung aus der Klinik nahm ein grausiges Geschehen seinen Anfang. Sie beichtete mir, ihr früherer Freund habe sie in der Klinik besucht und wollte wieder zu ihr zurück. Sie deutete ihm die Unmöglichkeit an, da sie inzwischen mit mir eine feste Beziehung habe. Sie habe ihn dann am Grab ihrer Eltern getroffen, welches er gerade pflegte ohne ihr Wissen. Auch hier habe sie ihn abgewiesen!
Sie hielt sich am Wochenende bei mir in der Wohnung auf, als ein Anruf von dem Freund sie erreichte. Er konnte sie in der Mietskaserne von seiner anderen Wohnung in ihrem Wohnzimmer genau beobachten. Da sie nicht anwesend war, rief er mit dem Handy an. Sie wies ihn ab, jedoch war das Gespräch sehr heftig, wie ich teilweise mit bekam. Am nächsten Morgen fuhr sie wie gewohnt nach Hause. Kurz darauf ein Anruf ihrerseits, es sei

etwas Schlimmes geschehen. Aus der Wohnung des früheren Freundes trug man einen leblosen Körper heraus, dabei war Polizei und eine Amtsperson. Wenig später nochmals ein Anruf, der Freund habe sich erhängt auf dem Balkon. Sie vermutete ein Verbrechen, denn er wäre nie imstande gewesen, eine Schlinge technisch zu fertigen. Der Tod ging ihr verständlicherweise sehr nahe, denn sie waren doch gut einige Jahre einmal zusammen!

An Weihnachten 2008 waren wir alle wieder bei ihr. Ihr artiger Sohn hatte inzwischen Dank seiner eignen sturmfreien Bude eine Russin kennengelernt, die er uns an Nikolaus bereits vorstellte. An Weihnachten war er ganz un-glücklich gekommen, die "Neue" nahm seine Einladung zu uns nicht an und vertrieb sich den Abend mit Unterhaltung in einer Disco. Wir sortierten in meiner Wohnung dann anschließend verfallende Lebensmittelvorräte. Verschiedenes warfen wir weg wegen Verfall. Dann gab es noch Dosen, die zwar über ein Jahr verfallen waren. Die wollte ich zunächst wegwerfen, aber Elke machte mir klar, man könne sie noch verwenden. So nahm sie ungefähr 10 Dosen oder mehr mit nach Hause für die schnelle Küche. Als wir uns später getrennt hatten, bekam ich massiver Vorwürfe, ich hätte ihr abgelaufene Lebensmittel aufge-dreht, um ihrer Familie zu schaden.

Zukunftspläne mit der Traumfrau 2009

Der Sohn verlor 2009 dann seine Stelle bei einer bekannten Außendienstfirma. Er kam als Vertriebler nicht mit Kunden klar. So genoss man die Zeit des Gammelns mit Freunden. Elkes Krankheit zog sich 2009 in die Länge, nun verminderte die Krankenkasse die Zahlungen. Der Sohn hatte aber wieder eine Stelle und fuhr zunächst mit dem Zug morgens hin und abends zurück. Auch sie wollte nun unbedingt wieder arbeiten, fehlten ihr sonst die Moneten. Die Ärzte waren dagegen und wollten sie weiter krankschreiben.

Elkes Krankheit zog sich bis Mitte ins Jahr 2009 weiter hin. Im Mai nahm ich sie mit zu meiner Familie und Ex-Frau, wo sie mit Ausnahme meiner Schwiegertochter gut ankam. Sogar meine frühere 100 jährige Schwiegermutter machte ihr angeblich Komplimente. Ich nahm Elke auch mit zu Firmenveranstaltungen, wobei sie aber sich von den „Internas" fernhielt. Wir machten dann einige Tage Urlaub in der Nähe von Bad Kissingen und genossen den guten Frankenwein. Mit dem Rad erkundeten wir Volkach und die Gegend, mit dem PKW Würzburg, wo ich auch beruflich tätig war. Bad Kissingen gefiel ihr sehr als künftiger Alterswohnsitz, jedoch nur in getrennten Wohnungen. Angst hatte sie, eine größere nicht mehr bezahlen zu können, wenn ich früher sterbe. Nun fing sie immer wieder an über meine Familie zu hetzen, teilweise aber berechtigt, so dass ich ihr damals keine Absicht unterstellen konnte.

Ich wollte ein neues kleines Haus mit Einliegerwohnung als Neubau an meinem Wohnort kaufen und es mit ihr zusammen als Besitz eintragen. So verrückt war ich damals! Hier sabotierte sie, als wir es im Rohbau besichtigten. Schlafzimmer zu klein, alle Zimmer nicht standesgemäß, außerdem ist die Stadt ein Kaff, da ist nichts los. Ich verzichtete dann. War ich blöde, denke ich heute.
Meine frühere Familie fiel mir jetzt massiv in den Rücken. Mein Sohn wollte mich aus der Firma drängen, wenn ich nicht mein Wohnrecht in einem Haus aufgäbe, wo ich mit der Ex-Frau fast 30 Jahre wohnte, und es auf meine Kosten modernisierte. Er brauchte dringend Geld, und eine Hypothek konnte wegen mir nicht eingetragen werden. Meine Schwiegertochter wollte meinen anderen Sohn abfinden, um selbst in den Genuss eines Hauses zu kommen. Sie war eine „Land Pomeranze"! Ich verzichtete auf mein Wohnrecht trotz Warnungen des Notars um des lieben Friedens willen. Als Abfindung sollte ich 30 000 € erhalten für den Kauf des neuen Hauses oder einer Wohnung, die heute noch offen sind!

Im Herbst 2009 war ich mit Elke dann eine Woche im Tessin. Ich nahm ihre Schwester mit, da wir Platz in der Ferienwohnung hatten. Hier zahlte ich alles. Meine Einnahmen von den Firmen waren weiter in der Höhe vorhanden. Nun wurde ich angesprochen, ihre Eltern hätten jetzt erst eine Grabplatte erhalten für 3000 €. Jedes der Kinder hätte 1000 € zahlen sollen. Nur die Schwester hätte sich geweigert, sie hätte kein Geld als arme Rentnerin, und der reiche Bruder wäre nicht bereit, 1000 € zu zahlen. Dabei zog sie nun ihre eigne Familie in den Dreck. Ich erfuhr auch hier „intime" Dinge in der Familie, mein Gewissen verbietet mir, diese im Nachhinein in Wortform zu fassen. Ich habe es aber versäumt, mal den Bruder, der keinen Kontakt mehr zu ihr hat, zu befragen, in wieweit diese Sache stimmt. Wahrscheinlich wieder ein Lügenmärchen. Auch von ihrer letzten Firma vor mir erfuhr ich zweifelhafte Dinge, die mich zum Nachdenken veranlassten. Im Nachhinein denke ich, sie sind alle gelogen. Angeblich war sie am Arbeitsgericht, da die Firma sie entlassen hat, und den Gehalt gekürzt hatte. Sie war nach meiner Information über ein Jahr erkrankt durch einen Beinbruch, und die Firma musste das Gebiet neu besetzen. Wahrscheinlich erhielt sie wie üblich eine Abfindung. Ich habe daher nochmals ihr Arbeitszeugnis studiert, es standen doch einige Dinge zwischen den Zeilen!

Lügen? Zweifel an der Liebe? 2010

2010 wollte Elke wieder mal arbeiten, da das Arbeitslosengeld endete und Sozialhilfe angesagt war. Die Idee war eine eigne Firma zu gründen, hatte sie doch Erfahrungen in der Medizin. Hintergrund war aber ein anderer: Das Arbeitsamt zahlte damals für Firmen Neugründunggen große Summen, verteilt auf 24 Monate, damit sie weg sind von der bevorstehenden Sozialhife bzw. Harz. Angeblich war sie ja eine gute „Vertrieblerin" vorher und sah hier keine Gefahren, im Gegensatz zu mir. Auch erhielt sie von einem Steuerberater, früher guter Bekannter, die notwendigen Bestätigungen, so dass die Sache laufen konnte mit Gewinn. Sie brauchte dann auch einen eignen PKW, den sie abschreiben konnte.
Nun wollte Sie unbedingt meinen fast neuen Skoda haben, da er als Diesel sparsam war trotz über 180 PS. Der DB war ihr zu langsam. Auch willigte ich hier ein, denn ich fuhr nicht mehr beruflich so viele km. Sie konnte ihn abschreiben. Später erfuhr ich, dass dieses nicht stimmte, sie wollte unbedingt den Besitz des Wagens haben. Als Eigentümer behielt ich aber den Brief, auch war meine Versicherung wegen der 50% Rabatt Regelung viel günstiger für sie. Daher gab ich ihr meinen fast neuen Wagen. Schätzwert offiziell noch 22 000 € (er musste geschätzt werden). Schuld war mein Steuerberater. Er riet mir,

meine Fahrzeuge aus dem Betriebsvermögen nehmen zu lassen, denn mein Sohn hätte sonst Zugriff. Ich zahlte dann später für den Restwert noch ca. 2300 € beim Finanzamt nach, da ich den Wagen nicht 5 Jahre, sondern nur 2 Jahre abgeschrieben hatte. Das Geld für den Wagen hatte sie nicht, daher vereinbarten wir Teilzahlung in Monatsraten von 3000 €, den Brief behielt ich in wahrer Voraussicht. Natürlich konnte sie die Raten nicht bezahlen, ich gab ihr monatlich zum Teil das Geld zur Einzahlung auf mein Geschäfts-konto. So auch bei der Einzahlung der letzten Rate für das Auto. Sie hatte kein Geld für diese Rate. Ich trat nun in Vorleistung, das Geld bekam ich nie. Aber an eine Äußerung erinnere ich mich genau. Bei der Einzahlung stellte sie plötzlich fest, es fehlten 100 €, die legte sie dann von ihrem Geld noch hin. Ich zahlte auch eine Reparatur von fast 2600 € und neue Reifen für 400 €, da sie kein Geld hatte. Kennen Sie das Märchen von der ausgenommenen Gans??

Dann überredete sie mich, einen Ordner bei ihr aufzubewahren, in dem meine Unterlagen über sie gesammelt waren. Den hatte sie wahrscheinlich heimlich studiert in meiner Wohnung, zu der sie bereits nach 4 Wochen unserer Bekanntschaft einen Schlüssel hatte. Es wäre zu gefährlich wegen meiner Familie, denn die Unterlagen und Darlehen, die darin verzeichnet waren, könnten sie belasten, wenn ich plötzlich versterben würde und sie könnten Rückforderungen auslösen. Diesen Ordner hat sie nach der Trennung nie zurück-gegeben. Auch befürchtete sie, dass trotz Testament das Geld in meinem Tresor bei meinem Tod sich meine Kinder nehmen könnten, auch die Fahrzeugpapiere meiner 4 Fahrzeuge. So legten wir bei einer Bank ein Schließfach an auf ihren Namen, sie und ich erhielten einen Schlüssel. Ich war mitunter dort und habe nachgeschaut, sie war aber nie dort, muss ich sagen. Jahre später habe ich ein Schließfach in Bad Kissingen angelegt und es ihr kurz vor der Trennung mitgeteilt. Natürlich war sie sauer, wo ist denn dein Vertrauen, jetzt können deine Kinder an das Geld. „Moneten bestimmten ihr Leben"! Natürlich war ihre Familie vor dem 2. Weltkrieg in ihrer Heimat im Osten des deutschen Reiches sehr vermögend. Ihr Großvater besaß eine Konservenfabrik in Pommern. Die Mitarbeiter waren meist jü-discher Abstammung und verrichteten Zwangsarbeit. Bei der Arbeit und in der Öffentlichkeit mussten sie den Judenstern tragen, so wollten es die Nazis. Elkes Großvater ließ sie aber ohne dieses Identifikationsmerkmal arbeiten. Das sprach sich im Ort herum. Die SS kam, erschoss ihn und beschlagnahmte die Fabrik. Sie wurde später enteignet. Der Vater von Elke zog mit Frau und älterer Schwester nach dem Krieg in den Westen und arbeitete als Gastronom.

Leider bekam die Familie nicht ihren Besitz nach dem krieg zurück, so wie viele andere. Er war unglücklich im neuen Job. Elke kam dann 1952 auf die Welt mit einem Zwillingsbruder. Sie hoffte später doch einmal ein großes Erbe antreten zu können, der Wunsch erfüllte sich nie. Genauso nahm sie an, ein großes Darlehen zurück zu erhalten, das ihr verstorbener Mann einem Freund gewährt hatte. In wieweit alle Tatsachen stimmten, kann ich nicht beurteilen!

Nun wollte das Arbeitsamt 2010 aber Einnahmen aus ihrer Selbstständigkeit sehen, ansonsten war ein Ende der Förderung angesagt. Die kamen bei ihr nie, angeblich würden ihre früheren Kunden vor 15 Jahren nun direkt bei den Firmen bestellen um Kosten zu sparen. In meiner „Trottel-haftigkeit" und Liebe ließ ich einige Einnah-men, die ich geschäftlich hatte, von den Firmen auf ihre Firma legal ausstellen. So erhielt sie den Nachweis, ihr Geschäft läuft. Das ging fast 24 Monate gut, dann fehlten meine Einnahmen, aber das Arbeitsamt hatte gelöhnt. Außerdem war nun die Förderung abgelaufen. Sie meldete das Geschäft ab, musste ihrem befreundeten Steuerberater nun auch 2 300 € blechen und dem Finanzamt die gleiche Summe für den PKW, der nicht weiter abgeschrieben werden konnte.

2010 war mein Renteneintritt. Schlagartig

hatte ich von allen Firmen keine Aufträge mehr. Was war da gelaufen? Waren es meine neidischen Kolleginnen? Die Pharmabranche war zu diesem Zeitpunkt auch auf einem Umsatztief. Elke suchte nun wieder Arbeit, ich konnte ihr nichts mehr geben. Von mir erhielt sie ein gutes Arbeitszeugnis. Sie fand im Juli Arbeit bei einem Auto Unternehmen im Außendienst. Ihr Sohn werkelte weiter ohne PKW. Das kostete ihn offenbar viel Zeit, und seine besorgte Mutter brachte ihn mit dem PKW wie ein Kindergartenkind an und holte ihn ab von der Arbeitsstelle. Das zehrte an ihrer Substanz. Sie wusste, ich hatte noch einen PKW mit wenig Laufleistung. Sie bat mich, den in der Firma zu holen und vorerst ihrem Sohn zu überlassen. Das tat ich auch. Inzwischen kündigte der Sohn bei seiner Firma, er hatte Streit mit seinem Chef. Den Wagen ließ ich ihm leider weiter, am Schluss waren 30 000 km mehr drauf als ursprünglich. Der Sohn benutze ihn offenbar für Reisen ins Ausland, denn ich bekam keine Belege mehr für das Benzin zum Abschreiben des PKW. Auch fand ich später eine Benzinrechnung vom Ausland in dem PKW. Wie die Mutter, so der Sohn! Manche Eigenschaften vererben sich leider!

Das Verhältnis mit meinem ältesten Sohn wurde immer belastender. Ich solle die Firma alleine ihm überlassen, sogar meine Rechte an dem Familiengrab aufgeben. Daher enterbte ich Ihn und schloss zugunsten von Elke und dem Sohn ein Testament ab.

Wir fuhren dann 2 Wochen nach Cap d'agde in Frankreich, ich zahlte alles in der Ferienwohnung, sie hatte wieder kein Geld und wollte eigentlich zu Hause bleiben. Im Urlaub bekamen wir den 1. massiven Streit, am liebsten wäre ich zurück gefahren. Es ging um ihre frühere Ehe, wo der Mann angeblich ihr seine 2 Ehen und Kinder verschwieg. So schlief ich 2 Nächte in einem anderen Zimmer. Ich fragte nach der Versöhnung, ob sie wieder Geld braucht, was sie verneinte. In Wirklichkeit brauchte sie welches, denn sofort nach unserer Rückkehr bat sie mich, ihr 7000 € zu leihen. Sie müsse sofort einen Dispo zurückzahlen. Wenn ich nicht das Darlehen geben wollte, müsse sie einen Vorgänger von mir ansprechen, der es leiht. Das wollte sie aber vermeiden, denn der würde sich Hoffnungen sonst machen auf sie. Auch hier bekamen wir Streit, denn auf die Überweisung schrieb ich Darlehen! Sie wollte monatlich 100 € auf ein angelegtes Sparbuch, zu dem ich Zugang hatte, einzahlen. Die Wahrheit muss ich nennen, sie hat es zurückgezahlt, den Rest auch später, nachdem wir uns bereits getrennt hatten. Durch Zufall bekam ich Wind von einem Vertrag über ein Darlehen, das sie doch bei einem früheren Freund abgeschlossen hatte. Wahrscheinlich reichte mein Geld nicht aus! Der wahrscheinlich Gleiche schickte immer mails mit ......"Dein Bester" als Gruß. Hatte sie noch weiter Kontakt mit ihm, denn bisweilen war sie telefonisch abends nicht erreichbar.

Oder sie war auf Tour?

Im Herbst suchte ich nun eine Wohnung in der Gegend, wo sie wohnte. Das war auf dem Weg zu ihrer Arbeit, hier könnte sie abends vorbeikommen und auch ihre Wohnung aufgeben, um Kosten zu sparen. Soweit meine Idee! Diese Neubauwohnung gefiel ihr nicht, außerdem sei sie abends nach der Arbeit müde und brauche Ruhe. Sie wollte in ihrer eignen Wohnung bleiben. Also brauchte ich auch keine Wohnung in ihrer Nähe, das wurde mir klar.

Nun änderte sich ihr Zeitverhalten für mich. Auch der einstige Vulkan, sie wissen was ich meine, spuckte keine heißen Ströme mehr aus. Ich kam samstags am späten Nachmittag, brachte meist Essen und Wein mit und musste dann sonntags nach dem Frühstück abreisen. Sie brauchte Zeit, sich für die Firma vorbereiten. „Gas geben", wie sie es immer bezeichnete. Der Wein am Abend regte bisweilen nochmals ihre Lavaströme an. Am Morgen saß sie dann kreideweiß mit Kater und Zigaretten in der Küche, meist schlief ich dann noch. Sie sah dann aus wie eine Katze, die man ertränken wollte! Hätte ich es nur getan, aber die Liebe! So konnte es nun nicht weitergehen!

An Weihnachten 2010 hatten wir dann Besuch von ihrem Sohn und der neuen Freundin, einer Türkin, älter als er, mit Vergangenheit.

Ihre eigene Schwester wurde nicht von Elke begrüßt. Sie hatte nur Augen für die dämliche Türkin, die keinesfalls hübsch war. Die Schwester verließ so das Fest früher und hatte nur noch mit mir Kontakt. Es waren so zwei verfeindete Schwestern. Den Silvester feierten wir alleine bei Elke in Bombenstimmung. Ihn hielt ich in einem Video fest. Meine Person kochte ein Silvester Menü, und wir tranken auf das neue Jahr. Dann spielten wir Karten. Dabei gewann sie immer. Warum? Sie schaute mir ständig von hinten in die Karten, ich bemerkte es nicht. Dann hatte sie die Idee, meine Zukunft „weis" zu sagen, sie wäre dafür Spezialistin. Dafür musste ich Zeichnungen machen, die sie auswertete. "Ich sehe eine neue Frau in Deinem Leben, irgendwann kommt sie". Auch sie deutete ihre Zukunft nach Zeichnungen von ihr angefertigt. Sie wird Oma und ich Opa. Ich scherzte dann, ich werde bei der Geburt der Geburtshelfer sein und heißes Wasser machen, um die kleinen "Türkenschweinchen" abzukochen. Das fand sie nun nicht lustig, da es ihren Sohn und die arbeitsscheue Türkin betraf. Im Grunde hasste sie Türken, da sie beruflich mit ihnen zu tun hatte! Aber wir haben dann beide doch gelacht und es nicht ernst genommen. Es ist viel später dennoch alles Vorausgesagte eingetroffen. Ich habe eine andere Partnerin gefunden und sie wurde Oma. Ihr Sohn hat bei der Geburt seines Türkenkindes angeblich heißes Wasser gemacht, wobei die

Hebamme begeistert war.

Hier erinnere ich mich an den SPD Politiker „Sarrazin", der mal etwas ausgesagt hatte über Türkenmädchen und blöde deutsche Jungen und die Integration von Türken in Deutschland. Das hat ihm seine Sozi Partei angekreidet. Hatte er nicht Recht? Nicht aber alle Türken sind so!

Ein verliebter „Gockel" auf Traumreisen 2011

Im Frühjahr 2011 fuhren wir nach Venedig für 1 Woche. Die Schwester nahmen wir mit zur Versöhnung. Ich feierte dort meinen 66. Geburtstag. Ihr Sohn hatte mein Auto mir wieder gegeben, das ich verkaufte. Er hatte eine neue Stelle mit Firmenwagen. Nun sprach mich Elke an, er habe mit der Türkin eine neue Wohnung gemietet, das Geld für die Kaution in die Brieftasche gesteckt, und sie auf dem PKW Dach vergessen. Beim Anfahren sei diese dann unbemerkt auf den Boden gefallen, ich solle ihm aber nichts sagen, er schämt sich. War das eine neue Lüge? Er bräuchte dringend 2000 € als Darlehen, er würde es zurückzahlen, was aber nie geschehen ist. Die Schwester sagte mir, soviel Geld hätte er nie gehabt, also auch nicht verlieren können. Ich gab es Elke zur Weiterleitung. Zurück erhalten habe ich es nie. Die Türkin, faul, bemühte sich nicht um eine Arbeit. Als „reicher Macker", den er vorgab, reiste sie mit ihm nach Einzug bei ihm nach Paris und Venedig, wie ich später erfuhr.

Nun trat etwas ein mit dem Sohn: Er verlor mit 16 Punkten den Führerschein, den er dringend für den Außendient benötigte. Auch war er schon einmal in einen Unfall mit einem Motorradfahrer verwickelt, wo er zumindest Teilschuld hatte. Nun erwischte man ihn mehrmals wegen Geschwindigkeitsübertretungen. Ich muss aber dazu sagen, dass in Baden-Württemberg seit der Regierung mit den Grünen, die Beschränkungen und Kontrollen auf den Autobahnen und Straßen zugenommen haben. Die haben hier eine „Marktlücke entdeckt. Mich selbst hat es 4 mal erwischt mit kleineren Beträgen. Um keine fristlose Kündigung zu erhalten, er brauchte das Einkommen ja, sollte ich ihn im Einverständnis mit seiner Firma täglich fahren. Ich war doch Rentner und hatte viel Zeit. So gestaltete sich mein Leben noch mit etwas Sinn, täglich neue Eindrücke. Ich lernte den Süden Deutschlands genauer kennen, durfte einen schnellen Firmen BMW fahren. Ob das Einverständnis der Firma vorlag tatsächlich, darauf konnte ich nur vertrauen.

Ich durfte dann täglich bei Elke übernachten und sie bekochen, wenn sie heim kam. Dafür wurde ich umsorgt und der Vulkan spuckte wieder !!! Nach 4 Monaten war der Spuk, das Spucken und der Spaß vorbei, er hatte seinen Lappen wieder und ich meine frühere Ruhe.

Gegen Ende der Probezeit bei der Auto-Agentur wurde Elke leider wieder krank. Der Hausarzt vermutete Stress durch die neue Tätigkeit. Ich fuhr sie nach Ulm in die Uni zur Herzuntersuchung, angeblich keine ernste Erkrankung, also psychisch. Sie war zudem vor meiner Bekanntschaft schon einmal in einer Klinik im Rheingau, in angeblicher Kur. Nach meinen Recherchen war es aber eine psychosomale Klinik. Der Chefarzt, der sie einst lange behandelte wegen angeblichen „workalkohlic", war nun Chefarzt in einer südbadischen Klinik. Als ich wegen ihr mit ihm Kontakt aufnehmen wollte, gab es von ihr Verbot.

Nun wurde sie noch belohnt mit einer Reise von mir nach Mallorca im Juni. Dort beglückten wir uns abends mit Rotwein am Strand und mit „Vulkanglimmen" in der Nacht. Zurück gekommen nach Deutschland war sie verändert. Sie kam nicht mehr an den Wochenenden. Meine Besuche bei ihr wurden auf ihren Wunsch fast eingestellt. Hatte sie ein neues zahlendes Opfer gefunden? Sie klagte über ihre neue Beschäftigung, aber angeblich war sie eine der besten Mitarbeiterinnen.

Wir machten auch Urlaub in Bad Kissingen. Die Kurstadt kannte ich von meinem Berufsleben, sie gefiel mir. Ihr gefiel sie noch mehr, besonders als Altenwohnsitz. Da ich in Rente war, suchte ich einen solchen dort, natürlich in ihrem Einverständnis, denn sie wollte nachkommen!

Ich zog nun um in eine größere Wohnung nach Bad Kissingen. Ein Zimmer hatte ich für sie vorgesehen für den Fall aller Fälle. Der war, wir zögen zusammen. Die Stadt gefiel ihr nun nicht mehr, zu viele Ausländer, Türken, die sie hasste! Das stimmte zum damaligen Zeitpunkt nicht. Wollte sie hier etwas vorbeugen. Ursprünglich hatte sie geplant, in meine Nähe dort zu ziehen und dort zu arbeiten. Eine Stelle, ebenfalls bei einer Auto-Vermietung hatte sie bereits in Aussicht. Im Nachhinein glaube ich aber, sie wollte mich weg von der Stadt haben, wo sie wohnte und wirkte als Vulkan anderweitig. Eine Tätigkeit bei der gleichen Zweig-Firma in Bad Kissingen wäre nicht möglich ohne neue Probezeit. Ich erkundigte mich bei dieser, da eine dort Position vakant war, dieses stimmte nicht.

Ich nahm dann Kontakt zu den Kliniken und Hotels auf und fand auch Stellen für sie an der Rezeption. Sie hätte keine volle Tätigkeit ge-braucht, denn sie hatte Anspruch auf Witwen-rente. Aber sie wollte unbedingt Außendienst. Sie war wie bereits gesagt „Vertrieblerin". Wegen ihrer Schulden dachte sie auf die Witwenrente durch Heirat zu verzichten mit einer Abfindung. Wen? Natürlich mich! Aber als sie sich genauer erkundigte, erhielt sie höchstens 5000 € statt der 50 000 €, an die sie dachte. So war dieser Traum der Heirat geplatzt für uns beide.

Dezember 2011, zu Weihnachten besuchte ich Sie zu Hause, zum Neujahr kam sie zu mir nach Bad Kissingen zur Jahreswende. Natürlich freuten wir uns bzw. ich mich. Sie wollte bis 6. Januar bleiben, dann ging sie aber am 2. schon heim, angeblich um Steuer zu machen. Aus war es mit der Freude. Steuer hatte sie bis Ostern noch nicht gemacht! Hatte sie andere Aufgaben in dieser Zeit?

Freudig überrascht war ich auch, als sie alle Kleider und Schuhe aus ihrem Schrank bei mir mitgenommen hatte ohne Wissen von mir. Als ich sie ansprach, die Antwort, die Sommersachen braucht sie demnächst. Aber der Sommer war noch weit entfernt!

Finanzieller Abstieg der Prinzessin 2012

Im Januar 2012 war ihr Unfall bei Glatteis. Ich bin mir heute nicht sicher, ob er „getürkt" war, um Rente früher zu erhalten.

Sie rief mich an, sie wäre verunglückt, ein Dienstunfall. Beim Aussteigen aus dem Auto war sie ausgerutscht, da unter dem Schnee Glatteis lag. Sie sei dann unter Schmerzen in eine Klinik gekommen, das Hüftgelenk sei angebrochen und müsste ersetzt werden. Ich wollte sofort kommen, sie lehnte es ab. Sie habe starke Schmerzen und brauche das Bett auch alleine (1,60 m breit). Ich wollte mein

Luftbett mitbringen! Außerdem käme ihre Schwester oder der Sohn für Notfälle. Mir fiel dann sofort ein, sie hatte vor Jahren einen Hexenschuss bekommen in der Badewanne, konnte sich angeblich nicht mehr bewegen. Ein Arzt kam dann zu ihr und gab ihr eine Spritze, half ihr aus der Badewanne. Aber wie ist er in die Wohnung gekommen? Durch das Schlüsselloch? War es überhaupt einer? Hatte der vielleicht einen 2.Schlüssel? Man kann auch für einen Partner am Telefon erreichbar sein, wenn ein anderer in der Wohnung ist! Das hat sie auch bei King-Kong bereits mir vorgeführt. Im Krankenhaus wollte damals der Arzt, dass sie sich ganz auszieht um ihren „schönen" Busen zu sehen!!! Wir sprachen auch manchmal über den Tod. Sie war sehr narzisstisch veranlagt und stellte sich gerne zur Schau, wie ich in Cap Adge in Frankreich mitbekommen hatte aber auch bei anderen Gelegenheiten. Sie wollte ihren angeblich makellosen Körper nach dem Tod der Wissenschaft zur Verfügung stellen zu For-schungszwecken oder zur Plastifizierung. Die Reste würde man dann einäschern und auf Klinikkosten bestatten, so wie dies in Ulm möglich war. Bei der Plastifizierung nach Dr. Gunther von Hagen für die Ausstellung in Körperwelten fallen keine Kosten an. Dadurch würde ihr armer Sohn die Gebühren für das „große" Begräbnis sparen. Ich sagte dann spaßeshalber, vorher würde ich ihr die "Nippelchen" abschneiden und sie vergolden lassen als Andenken, da sie ja ein Teil einer außerordentlichen Schönheit wären! Daraus wurde nichts mehr. Keine Klinik ist interessiert, eine Person mit 50% Schwerbehinderung, Gelenkersatz, und starker Osteoporeose noch wissenschaftlich nach dem Tode auszuwerten. Oder gar zum Plastifizieren und zur Schau zu stellen. Nach dem Unfall dauerte es 2 Wochen bis zur OP. Ich wollte sie holen in eine Spezialklinik in Werneck mit einem berühmten Professor, den ich kannte.

Hier hätte die OP am nächsten Tag stattgefunden. Sie lehnte ab, sie hatte schon Termin bei einem angeblich bekannten und auch berühmten Chefarzt als Privatpatientin. Nach der OP, die gewiss nicht einfach war wegen dem großen Blutverlust, sprach ich sie am Telefon und bekam mit, wie sie angeblich ohnmächtig wurde. Die OP Schwester sagte, ein massiver Blutdruckabfall, ich sollte in 1 Stunde wieder anrufen, sie wäre wieder auf Intensivstation. So vergingen 2 Wochen mit Telefonaten, dann durfte ich kommen. Natürlich war sie lädiert und humpelte auf Krücken. Sie war blass, und als ich sie deswegen ansprach, war sie sauer. Sie ist ein „Stehauf Frauchen"! Nach 14 Tagen durfte sie in die Reha, ich sollte aber noch weg bleiben. Nun bekam ich den Wohnungs-Schlüssel und musste ihre Schwester holen, die die Koffer packte für die Reha. Das war mein Besuch in ihrer Klinik. In ihrer Wohnung läge in der Schublade meine Tankkarte für den PKW. Ich war schon sauer, denn sie wollte anscheinend nicht, dass ich meinen PKW, den sie fuhr, benutze. Er stand in der Tiefgarage, den Schlüssel wollte sie nicht geben! Ich hätte viel Kosten sparen können. In der Wohnung zusammen mit ihrer Schwester fanden wir in der Schublade ein Schreiben bei meiner Tank-Karte, aufgeklappt und lesbar. Es war ein neuer Darlehensvertrag, dieses Mal höher und mit Restschuldversicherung. Der trat genau 3 Tage vor ihrem Unfall in Kraft.

Man staune! War der Unfall doch Absicht? Auch ihre Schwester war nun „bass verwundert", danach waren die hohen Raten bis zu ihrem 67. Lebensjahr fällig. Aber nur wenn sie gesund blieb! Die Höhe der Raten überstieg ihre finanziellen Möglichkeiten. Hatte die Bank hier geschlafen? Mein Verdacht war, ist sie absichtlich gestürzt? In meinem Bekanntenkreis gab es einen ähnlichen Fall.

Auf der Heimfahrt nach meinem Wohnort wurde mir schlagartig klar, sie wird nie zu mir nach Bad Kissingen kommen vor 65, auch später nie. Dann bin ich 74 Jahre alt. Ihre Schwester sagte mal das Gleiche, sie will ihre Freiheit! Und dann ihre Schulden. So langsam begriff ich nun, es wird Endzeit!

Ihre Koffer waren gepackt und standen in der Wohnung, den Schüssel behielt die Schwester. Ursprünglich sollte ich sie in die Reha fahren, aber ein Krankenwagen erledigte dies. Dann war ich drei Tage über Ostern dort in Süddeutschland. Wir humpelten spazieren, ich schaute mir die Gegend an und ging in die Therme, da sie ja tagsüber Therapie hatte. Sie hätte das Gleiche auch in Bad Kissingen erhalten können, angeblich wäre da kein Platz vorhanden gewesen. Das war auch gelogen, wie ich später erfuhr! Sie hatte sich nie darum bemüht.

Nach 6 Wochen sollte ich sie nun abholen, ihre Schwester war dabei. Wir fuhren dann in Elkes Wohnung. Ich durfte jetzt wieder einige Tage bei ihr übernachten. Dabei habe ich den Darlehensvertrag erwähnt, sie maßregelte mich zu schnüffeln, obwohl er offen in der Lade lag.

Ich sprach sie genauer an wegen dem Darlehen, sie wollte es mir nicht sagen, da es mich nichts anginge. Ich hätte ihr weiteres Geld nicht geben können und wollen. Sie muss arbeiten bis über 65. Ich soll mir jemanden suchen, der mehr Zeit für mich hat. Genau so wie damals, als ich eigenmächtig ihre Korrespondenz mit einer Partneragentur kündigte. Sie hatte dort mit Namen und Geburtsdaten sich eingetragen, sie suche einen Partner. Aber angeblich mit der Absicht, selbst eine Partneragentur zu gründen. Als ihr dann die Sache zu heiß wurde, und sie laufend Post bekam, informierte sie mich. Ich sollte kündigen, da man angeblich auf ihre Kündigung nicht reagierte. Ich gab mich als Bevollmächtigter aus und drohte mit Gericht. Ab dann bekam sie angeblich keine Post mehr.

Sie habe mir nie eine Vollmacht gegeben, so ihre Worte nach der Trennung. Das Gleiche bei ihrem Telefon- und Handy-Vertrag. Den alten kündigte ich in ihrem Auftrag, sie bezahlte zuerst über 70 Euro im Monat, dann nur 30 für den neuen Anbieter. Während ihrer Reha flatterte eine Mahnung ins Haus von Telekom (das war bei denen Masche). Ihr Sohn zahlte angeblich unbewusst. Der Vertrag verlängerte sich wieder. Nur ich war schuld an allem, dass sie jetzt 2 Verträge hatte!

Nach der Reha war sie lange krank, sie musste zu Ärzten und Masseuren. Ich war dann öfters bei ihr, da sie schlecht PKW fahren konnte. Sie hätte bei mir in Bad Kissingen sein dürfen nach Auskunft der Kranken Kasse. Wir hätten das alles auch bei mir tätigen können, das wollte sie nicht.

Sie war 2012 dann 1 Woche bei mir im Juni. Nun wollte sie in die Klinik meines bekannten Professors, da sich ihr Operateur als Missgriff entpuppte. Der hatte nicht nach den neuesten Methoden operiert. „Mein" Chefarzt der Klinik, weltbekannt, sollte sie anschauen. Wahrscheinlich kam sie nur deswegen zu mir. Dazu gab es nun Gutachten, denn das Gelenk sonderte auch angeblich Metall ins Blut ab. Hier gab sie mir den OP Bericht der Operation zum Studieren. Mir fiel außer der nicht mehr zeitgemäßen OP Methode auf, dass der Chefarzt der Gynäkologie wegen der starken Blutungen zugezogen wurde. Der hielt u.a. schriftlich fest, dass die Gebärmutter bereits

vor vielen Jahren entfernt wurde. Da kannte ich Elke noch nicht. Ich habe das bereits erwähnt. Bin ich blöde? Kann eine Frau ohne Gebärmutter schwanger werden? War ich wieder belogen worden? Sie stritt es ab, sie hätte noch ihre Gebärmutter. Wegen Krankheit hatte sie mich zwar zum Hausarzt mitgenommen, der sie seit 30 Jahren betreute, aber ich musste außen warten. Auch durfte ich nie mit ihrer Freundin telefonieren, und wir trafen uns nicht in Venedig mit ihr und dem Mann. Es wäre sicher etwas Unvermutetes ans Tageslicht gekommen, vielleicht die fehlende Gebärmutter, davor hatte sie Angst. In Venedig funktionierte ihr Handy plötzlich nicht mehr zu Kontaktaufnahme mit der Freundin, die zur gleichen Zeit dort war. Wegen der Gebärmutter fragte ich ihre Schwester später, die gab zur Antwort, frage sie selbst!
Ansonsten fuhr ich oft zu ihr 2012 während der Krankheit. Sie wollte zu einem bestimmten Masseur gefahren werden, ich durfte draußen warten. Er war jung, und massierte sie mit einem Stab, angeblich eine neue Methode, die ihr half. Der Stäbe gibt es viele, so meine Gedanken! In diesem Jahr gefiel ihr KG auf einmal gar nicht mehr, angeblich gibt es zu viele Ausländer. Da wollte sie nie dort wohnen, höchstens mich mal besuchen und Enkel mitbringen!!! Das ist mir dann erspart geblieben. Nun war es das Zeichen, das Ende begann.

Trennungsgedanken 2013

Das Jahr verlief anfangs noch normal, ich besuchte Elke häufig alle 3-6 Wochen, sie mich nur 2 Mal hier in Bad Kissingen.
Sie musste im November 2013 aus finanziellen Gründen umziehen, wie sie selbst feststellte oder ein Insolvenzverfahren machen. Dabei sollte ich ihr helfen. Zum Wohnen war dann meine Wohnung angedacht. Sie wollte jetzt unbedingt mit mir zusammen ziehen, Plan 1 von ihr. Ich war nicht glücklich darüber. Ihre Schulden und ein Gerichtsvollzieher bei mir? Ein Zimmer war von ihr bereits ausgemessen und genauestens geplant für ihr Schlafzimmer, es passte gerade hinein. Mein Büro und Gästezimmer sollte ich aufgeben.
Nun trat das erwartete vorausgesagte Ereignis vom Silvester ein, plötzlich sollte sie Oma werden, ich Opa, was ich ablehnte! Die arbeitsscheue Türkin war schwanger vom Sohn. Hatte er sie unter dem Eifelturm in Paris im Firmenwagen geschwängert oder gar in Rom im Petersdom? Natürlich war es von der geplant. Sie war ja viele Jahre älter und musste eilig handeln, um die Zahl der Türken in Deutschland zu erhöhen. Torschlusspanik! Und er hatte angeblich auch Moneten! Ein Schulkollege mit einer großen Apotheke, der vom Aussehen nicht bevorteilt war, lernte in der Türkei im Urlaub eine angeblich gut aussehende Apothekerin kennen und ver-

knallte sich. Die stieg mit in seine Apotheke ein. Nun auch noch eine große „Türken-hochzeit", für die der reiche Apotheker blechen musste. Ich sah dann in der Apotheke viel neues Personal türkischer Herkunft. Sie holte Verwandte ins schöne Deutschland. Bald war bei ihr Schluss mit der Liebe. Frau Apothekerin, inzwischen eingedeutscht, ließ sich scheiden. Er musste die Apotheke aufgeben, so groß war die Entschädigung für die feine Dame. Ja, er wurde sogar aus seinem Elternhaus gejagt, das er verlor. An der Tür der Apotheke prangte groß das Schild alleinig mit ihrem Türken-Namen. Mein armer Kollege fand Logis bei einer früheren Apothekerin, die einst in seiner Firma arbeitete. Beide gingen dann als Missions-apotheker nach Afrika.

Nun trat bei Elke doch der Plan 2 von ihr ein, alles überlegt. Der Sohn wollte die Mutter in seine Wohnung aufnehmen, um seine Türkin zu entlasten, die Liebe seines Lebens, seine Traumfrau. So hatte er es unter ihr Bild im Büro geschrieben.

Ich half beim Umzug 2 Tage bis ihre Woh-nung leer war. Ein aufblasbares Luftbett war meine Liegestätte, sie nahm meine Luft-matratze. Am Abend verpackte ich dann ein großes Bild vom Wohnzimmer. Ich bat Elke, es bei mir zu Hause aufzuhängen, um es bei Bedarf wieder zurück zu bringen. Sie willigte ein. Am nächsten Morgen verlud sie es in den Umzugswagen fürs Depot. Hatte sie meinen

Wunsch ignoriert? Sie hatte ein Depot gemietet für Einlagerung ihrer nicht wertvollen Möbel, denn sie benutze nur ein Zimmer beim Sohn. Ich war stinksauer.

Zu Hause startete ich eine Anzeige in der Zeitung, Akademiker 68 Jahre, sucht Damen, Herren und Paare für Wandern, Urlaub, Ausflüge usw. in Bad Kissingen und Franken, mail: KissSalis (Name der Therme dort). Es meldeten sich 17 Interessenten, mit denen ich mich dann 2014 traf in einer Gruppe, davon später.

Dann war ich nochmals an Weihnachten 2013 dort, fuhr am Heiligabend hin dann am 2. Feiertag heim zu mir. Ich war unerwünscht, außerdem konnte ich die schwangere Türkin nicht mehr ertragen und das "Geknutsche" mit ihrem Partner. An jedem Laternenpfahl beim Spaziergang lehnte er sie an sich und befummelte sie. Pfui Teufel, wo blieb der Anstand! Ist das bei Türken üblich? Zu Haus in der Wohnung fühlte er die Bewegungen in ihrem Bauch von dem neuen Erdenbürger. Er legte begierig das Ohr auf ihr Unterteil, als höre er Stimmen im Mutterleib. So viel Glück und Liebe konnte ich einfach nicht länger ertragen und ging! Frau Elke arbeitete erst wieder am 6. Januar, hätte also gut die Tage mit mir verbringen können. Stattdessen war ich an Silvester alleine. Sie rief gegen 24 Uhr an, sie gehen jetzt zu den Türken in die Stadt, da ist was los! Für mich war klar, das Ende war hier. Ich wollte es auch, ich rief nicht mehr an, auch kein email mehr. Am 1.Januar rief sie um zwei Uhr nachts an bei mir, um Glückwünsche für das neue Jahr zu übermitteln. Die hatte ich nötig!

Ich kannte bereits 3 andere Frauen, die u.U. auch eine Partnerschaft anstrebten, so eine Renate vom Atomkraftwerk und weiter eine Renate aus Kitzingen sowie Reni aus Würzburg. Es gab bereits mehrere Dates und Zusagen für ein „Gruppen Date" am 11. Januar. Renate vom Atomkraftwerk versüßte mir schon ab Sommer letzten Jahres die Zeit mit Spaziergängen und Essen. Sie wollte aber eine Begegnung ohne Sex. Das war mir recht, denn ich glaubte noch immer an die Liebe mit Elke. Essen bezeichnete Renate als Sex des Alters. Aber auch diese platonische Beziehung war angenehm. Anders war da Renate aus Kitzingen, fast 20 Jahre jünger als ich. Sie antwortete mir sofort auf meine Anzeige, wo sich 17 Frauen meldeten. Sie wollte mich unbedingt schon vor Weihnachten 2013 treffen. Es gelang ihr auch, und es entstand von mir später eine Geschichte: „Auf dem Weihnachtsmarkt 2013 mit einer Sizilianerin in Bad Kissingen". Aber ich blieb zunächst der „Eismann" in Gefühlen, sie wollte mehr und alles! Auch „Einmal" Treffen hatte ich genügend, wo ich bereits nach 5 Minuten eine negative Entscheidung bei mir gefällt hatte und nur aus Höflichkeit bei der Dame blieb.

Ende mit Schrecken 2014

Am 11.1.14 war dann das Treffen in der Lindesmühle in Bad Kissingen, Ergebnis sehr negativ! Beide „Renates" waren auch anwesend, bekamen Streit aus Eifersucht und waren die einzigen, an denen mein Interesse weiter blieb. Eine Brigitte saß am Kamin, und sie war nach Ansprechen von mir angeblich nicht mit von dieser Partie. Sie ging weg, aber das Schicksal wollte es, dass wir uns später wieder trafen. Elke habe ich von allem nichts gesagt, denn sie wollte ja, dass ich eine neue Partnerin suche.

Am 13.1. hatte nun Elke einen Unfall mit meinem Wagen abends gegen 21 Uhr und brauchte wegen der Versicherung meine Hilfe. Was tat sie wohl abends um diese Zeit? Neue Dates?

Ich rief sie dann an, als die Sache mit der Renate 2 aus Kitzingen ernster zu werden drohte. Ich bat sie um Auskunft über die neue Bekanntschaft, da sie Zugang zu einem Versicherungs PC hatte. Wohnung, Geburtsdatum usw. hatte ich vorher erhalten durch verstecktes Abfragen, wenn die Daten überhaupt stimmten. Aber Elke verschloss sich mit dem Argument, sie findet keine Daten, und was sollte ich mit einer Frau, die 20 Jahre jünger sei als ich selbst. Die müsste doch

noch viel länger arbeiten als sie. Elke hatte damals aber Daten von mir über den PC genau durch diese Art erhalten und abgefragt. Mit Renate 2 entwickelte sich aber alles viel schneller als ich, Paul, der sogenannte "Eismann" ,es wollte. Ich sollte zu ihr ziehen kurzfristig. Das beängstigte mich sehr, außerdem war sie massiv eifersüchtig, mich zu verlieren. So machten wir Schluss am 24.2.14.
Vorher, am Valentinstag, dem 14.2. rief mich Elke an mit Glückwünschen. Abends hatten wir am Telefon solchen Streit, dass sie auflegte. Am nächsten Morgen entschuldigte sie sich.
Am 23.2.14 hatte ich einen seltsamen Traum von meiner toten Tochter, die heute Geburtstag hätte und Elke, den Inhalt konnte ich nicht zuordnen. Es wurde darin ein Altenheim erwähnt. Der Todestag meiner Tochter war 4.3.94 vor 20 Jahren. Sie wäre damals 46 Jahre alt gewesen.
Im Februar hatte ich mit Elke nochmals ein Telefonat, angeblich wieder Umzug zu ihrem Sohn in ein eignes Haus mit einer Einliegerwohnung, wenn es stimmte. Ihre Firma gibt ihr eine Beschäftigung im Innendienst, sie hat 50 % Schwerbehinderung nun. Das Hüftgelenk-Metall hat ihr Blut verseucht und muss ausgetauscht werden. Vielleicht ergibt sich dadurch auch ein früherer Berufsausstieg. Ich solle nicht mehr anrufen, sie gibt mir auch die neue Anschrift

nicht. Sie wohnt dann bei ihrer Familie mit ihrem „eigenen Fleisch und Blut" zusammen! Auch an den Bildern und Videos von früher hat sie kein Interesse. "Wir hatten doch schöne Jahre!!!!" Natürlich traf mich dies schon gewaltig.

Am 6.3.14 traf ich mich dann mit einer neuen Frau mit Namen Brigitte aus Schweinfurt erstmals. Wir hatten uns bereits in der Lindesmühle in Bad Kissingen kurz gesehen beim Treffen im Januar und zwischenzeitig eifrig mails geschrieben als Brieffreunde.
Mein PKW: Ich hatte bereits vor 2 Jahren einen Anwalt gefragt bezüglich meines PKW. Er riet mir, den Wagen von Elke zu holen, da ich ja den Brief hatte, und ihn selbst umzumelden. Sie war derzeit im Krankenhaus. Dann wäre sie in Beweisnot als Eigentümerin. Nun hatte ich den Zeitpunkt versäumt, hatte leider keinen 2. Schlüssel mehr, wohl den Brief. Den 2. Schlüssel hatte sie mir aus dem Schüsselkasten genommen, als sie letztes Mal bei mir war. Ich schrieb daher an die Zulassungsbehörde, meine frühere Partnerin hätte den Wagen noch nicht bezahlt. Ich wäre der Eigentümer, sie sollten keinen Ersatzbrief ausstellen, da ich den Originalbrief hätte. Es war die Handhabung wie bei Banken bei Darlehen   für   den   Wagenkäufer.   Das Schreiben wurde bestätigt, wahrscheinlich bekam sie das auch mitgeteilt. Bekannte sagten mir, lass ihr den Wagen, er ist vielleicht

noch 3000 € wert. Er war Wert zwischen 6000-7000 €, die wollte ich nicht auch verschenken. Dann war ich beschäftigt 2014 mit dem Aufbau einer Firma und als Buchautor. Ich mailte ihr im Herbst, den Wagen zurückzuerhalten, sie aber wollte mein Auto noch noch länger, viel länger haben, bis Mai 2015, was ich ablehnte. Plötzlich konnte ich ihn dann abholen. Er war zu reparieren! Ich war dort mit Begleitung im Dezember 2014. Es waren noch Reparaturen für ca. 2000 € notwendig, wie sich später heraus stellte. Über meine Begleitung spottete sie. „Die ist sicher über 85, Du siehst jünger aus".
Dabei sah die Begleitung, in der sie meine Partnerin vermutete gut 10 Jahre jünger aus als Elke. Den Wagen, mein Eigentum, hat sie mir großzügig als Geschenk gemacht in einem Rückgabevertrag!! Ihre letzte Rache! Bei der Abholung zitterte Elke, sie war wirklich krank! Sie hatte die gleichen Schlaghosen und den Lochpulli an wie bei meiner ersten Begegnung vor 7 Jahren. Zum Abschied gab sie mir noch einen Kuss, wahrscheinlich um die neue Partnerin zu verärgern. Das war am 9.12. 2014.

Im Januar 15 folgte dann Restgeld von den 7000 Euro Darlehen mit der Abrechnung der Kosten für den PKW. Mein Verlust seit der Übergabe 25 000 € ohne noch notwendige Instandsetzungen. Rechne ich noch die nicht zurück gezahlten Geldbeträge dazu, sind es möglicherweise   40 000 € ohne die vielen Urlaube, zu denen ich ja eingeladen hatte. Das darf ich natürlich nicht geltend machen!

Aber was tut man nicht alles aus Liebe?????
Mein Trost, es gibt ähnliche Trottel beiderlei Geschlechts, die auf die Liebe hereinfallen.
So wurde ich 70 ohne Grüße von ihrer Familie und ihrer Schwester. "Wer am meisten liebt ist der Unterlegene und muss leiden", so Zitat in einer Erzählung von Thomas Mann!
Kein Kommentar von mir, warum war mir es nicht alles schon viel früher aufgefallen? Es gibt einen Kinderreim: „1, 2, 3, aus bist Du, oder der Esel der bist Du!“ Aber mir geht es gut, besser als mit einer „kranken Elke“. Und ich fand 2014 die neue Partnerin, finanziell abgesichert, gutaussehend, gepflegt und keine Lügnerin! Es ist Brigitte.

Ich schreibe dieses Buch, um meine Geschlechts-Genossen zu warnen, es mir nachzutun. Ich schreibe es ohne Wehmut und Rachegefühle. Es ist aber nicht nur ein Buch für Männer. Auch Frauen sind häufig die Betrogenen und investieren viel Zeit, Liebe und manchmal auch Geld und Vermögen für den Traum des „Nicht- Allein- Seins“.

Wer ist Paul von Leiselheim?

„Paul von Leiselheim" hat natürlich einen bürgerlichen Namen, will aber unerkannt bleiben. Daher der „alias Name" seines Geburtsortes. An einer deutschen Universität erhielt er den „echten" Doktortitel. Er publizierte bereits während des Studiums und später in verschiedenen fachspezifischen und sozialkritischen Schriften. Seine Tätigkeit war im medizischen Bereich. Im Rentenalter zog er in eine deutsche Kurstadt mit Geschichte, Flair *und Kultur. Er begann eine „besondere Art" von Kurzgeschichten und Kurzromanen zu schreiben, teils mit Psycho-Krimi Hintergrund. Er will Menschen erfreuen, sie zum Lachen bringen, sie anregen sich zu entspannen, um Muse zu haben zum Lesen, verbunden mit einer Kur. Er beobachtet in Begegnungen mit Kurgästen und Einheimischen deren Verhalten, das er mit Ironie und Spitzfindigkeit beschreibt. Ironie ist die Fähigkeit, das Verhalten anderer positiv zu sehen, auch wenn deren Eigenschaften negativ sind. Diese können, falls gewillt, dann Rückschlüsse auf das eigene Verhalten ziehen. „Gebt dem Volk Brot und Spiele", sagte einmal ein Politiker. Warum wollen Menschen Unterhaltung, Reisen, Sport und Feste feiern? Sie müssen im schnöden Einerlei des Lebens Abwechslung und Stimulation für die Sinne erhalten, denn der eintönige Trott im Alltag unserer Zeit, macht sie kaputt. Warum schreiben Politiker Bücher und Memoiren, die höchstens von „Ihresgleichen" oder „Superintellektuellen" gelesen werden? Sie wollen damit nachträglich eine Selbstbestätigung für ihr angeblich richtiges Handeln, was ihnen im Laufe der Karriere versagt blieb. Sie versuchen, ihr verlorenes Selbstvertrauen von einst durch Schreiben zurück zu erhalten, denn zu sagen haben sie auch jetzt nichts mehr. Was für Kerle waren sie doch, welche guten Gesetze haben sie für die Wähler erlassen. Wie wurden sie vom Volk geliebt und vergöttert! Ehrlich, wer liest deren Bücher, vielleicht spätere Historiker als Grundlage für Promotionen! Wer schreibt, der bleibt. „Paul von Leiselheims" Werke grenzen sich davon sehr bewusst ab.*

Durch seinen ironischen Stil, den jeder versteht, bringt er Menschen zum Schmunzeln, Lachen und Nachdenken.

B.K. eine ungenannt bleibende Literaturkritikerin verfasste dieses curriculum vitae

Weitere Bücher erscheinen demnächst oder sind bereits erschienen

Erlebnisse als Kurgast in einer bayerischen Kurstadt, ISBN 978-3-7347-7480-5 (vergriffen, nur beim Autor Restbestände)
Erlebnisse als Kurgast in Bad Kissingen (2. Auflage) ISBN 978-3-7357-5835-4
Erlebnisse aus Bad Kissingen ISBN 9783752888140
Neue Erlebnisse aus der Kurstadt Bad Kissingen, Frühjahr 2023
Mein Leben und meine Erfahrungen mit einer christlichen Partei Sommer/Herbst 2023
13 Liebesgeschichten aus Bad Kissingen Dezember 2022
Krimis im Sechserpack aus Bad Kissingen (6 Kurzkrimis) November 2022
Das unheimliche Weiße Haus, Psychokrimi Januar 2023
Die Spaziergängerin von Bad Kissingen, Politkrimi September 2023

Titelcover von Pixabay, Autorenbild eigne Aufnahme

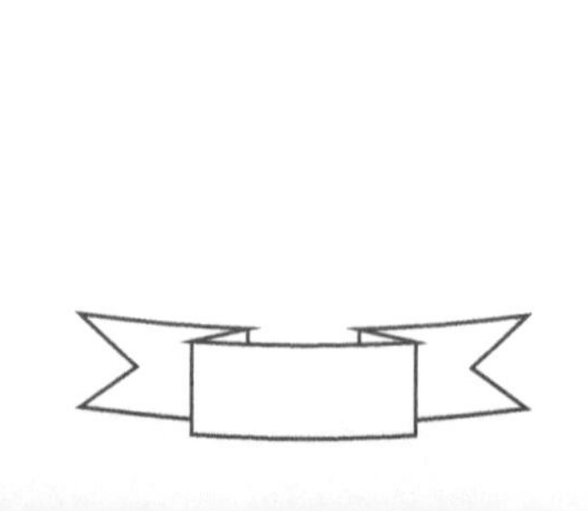